IDÉES ET VUES

SUR LE

CHATEAU DE VERSAILLES.

IDÉES ET VUES

SUR L'USAGE

QUE LE GOUVERNEMENT ACTUEL DE LA FRANCE PEUT FAIRE DU CHATEAU DE VERSAILLES;

Par P. J. F. LUNEAU DE BOISJERMAIN.

A PARIS,

Rue ci-devant Condé, N°. 7.

AN VI.

AVERTISSEMENT.

IL n'y a point de peuple qui ne voulût avoir chez lui le Château de Verſailles, & qui ne le conſervât avec ſoin. Il le regarderoit comme un temple où la curioſité viendroit en pelerinage de toutes les parties de la terre.

Tout le monde a admiré l'inſtitution des Invalides. La manière grande, noble & majeſtueuſe dont ils ſont logés, celle dont ils y étoient entretenus, ont ennobli l'idée de cet établiſſement.

On a propoſé dans quelques papiers publics de loger les Invalides à Verſailles, de former des Invalides, un Hôpital. Chaque établiſſement a eu ſon objet. On veut le changer, lui en donner un autre.

Je ne prétends point contrarier les auteurs de cette double vue; mais faire connoître

IDÉES ET VUES

SUR L'USAGE

QUE LE GOUVERNEMENT ACTUEL DE LA FRANCE

PEUT FAIRE DU CHATEAU DE VERSAILLES;

Par P. J. F. LUNEAU DE BOISJERMAIN.

A PARIS,

Rue ci-devant Condé, N°. 7.

AN VI.

AVERTISSEMENT.

IL n'y a point de peuple qui ne voulût avoir chez lui le Château de Verſailles, & qui ne le conſervât avec ſoin. Il le regarderoit comme un temple où la curioſité viendroit en pelerinage de toutes les parties de la terre.

Tout le monde a admiré l'inſtitution des Invalides. La manière grande, noble & majeſtueuſe dont ils ſont logés, celle dont ils y étoient entretenus, ont ennobli l'idée de cet établiſſement.

On a propoſé dans quelques papiers publics de loger les Invalides à Verſailles, de former des Invalides, un Hôpital. Chaque établiſſement a eu ſon objet. On veut le changer, lui en donner un autre.

Je ne prétends point contrarier les auteurs de cette double vue; mais faire connoître

Les motifs d'économie politique qui ont fait élever l'un de ces monuments, le Château de Verfailles ;

Les confidérations qui doivent déterminer à le conferver dans fon état de magnificence & dans le meilleur entretien.

J'aime les Arts & ceux qui les cultivent. Je m'intéreffe à la confervation de tout ce qui peut contribuer à en perpétuer les leçons, à en infpirer le goût, à en faire aimer les ouvrages.

IDÉES ET VUES

SUR L'USAGE

QUE le Gouvernement actuel de la France peut faire du CHATEAU DE VERSAILLES.

L'IMMORTEL COLBERT penſoit, dans le dernier ſiècle :

Que la France étoit la plus grande puiſſance agriculturale de l'Europe. Elle y occupe ſans diſcontinuité le plus grand horiſon. Elle étoit alors & elle eſt encore la plus variée dans les objets de ſa culture & la plus avancée dans le perfectionnement de leurs fruits.

Qu'elle pouvoit être la plus grande puiſſance induſtrielle de ce continent. L'induſtrie naît des choſes qu'elle peut mettre en œuvre. Aucune Nation de l'Europe ne trouve chez elle autant de matières premières à offrir aux travaux de l'induſtrie.

Qu'elle devoit être la plus grande puiſſance ſur mer. Une étendue immenſe de côtes, ſur l'Océan & la Méditerranée, permet au peuple Français de s'élancer de touts côtés vers toutes les parties de la terre. La France a plus de moyens qu'aucun autre peuple de l'Europe pour dominer sur la surface des mers. Elle a toute la force qu'il faut avoir pour en conquérir l'empire & pour le conserver. Aucun peuple n'a autant d'intérêt, que le peuple François, de dominer sur l'horison des mers, d'y régner, de la rendre indépendante de toutes les ambitions qui voudroient en usurper l'empire. Le superflu dont la France a sans cesse à se défaire, les besoins que le peuple François a de l'échanger contre d'autres productions, ne lui permettent pas de laisser la France dans la dépendance de l'Angleterre sur mer. Le peuple Français seroit tributaire pour touts ses besoins de l'industrie & du commerce de la nation Angloise.

Colbert pensoit aussi que la France pouvoit être la plus grande puissance commerciale de l'Europe.

Le superflu des produits de la culture et des travaux de l'industrie est par-tout la matière première du commerce. Nul peuple en Europe n'a autant de productions à mettre dans le commerce, que le peuple Français.

Nul peuple n'a un aussi si grand intérêt d'échanger son superflu contre les productions des autres climats qui lui manquent, ou d'employer à les acquérir l'argent provenu de la vente des matières superflues qu'il possède. La vente & l'échange des productions d'un Etat très-étendu, sont les premiers moyens d'acquérir de la prédominance chez les peuples avec lesquels on des rapports.

Colbert pensoit que la France devoit augmenter sans cesse les avantages de sa superiorité naturelle.

Tout Etat qui ne croît point en richesse, diminue de puissance. Tout Etat qui ne croît point en puissance, perd de son importance, & les moyens de conserver son indépendance de ses voisins. La richesse est l'ame de tout. Elle naît par-tout des travaux de l'agriculture et de l'industrie et du commerce. Elle végète sur le temps employé au travail. Elle pousse au bout des bras consacrés à ses différents exercices.

La France est de touts les pays de l'Europe la plus féconde en hommes. Aucun d'eux n'a autant de bras à donner aux travaux de l'agriculture, de l'industrie et du commerce. Aucun deux n'a autant de moyens de s'enrichir.

Le peuple Français a toujours eu une culture fort supérieure à ses consommations. Les produits de son industrie ont toujours surpassé ses besoins. Il a toujours eu chez lui les moyens de s'élever à une grande puissance par une grande richesse.

Les peuples qui ne mettent rien dans le commerce de la terre, sont pauvres et sans puissance.

La richesse nationale est par-tout produite par la richesse individuelle.

Tout Etat qui veut avoir une grande puissance, doit s'occuper sans cesse à étendre, à agrandir la richesse particulière du peuple qu'il régit, à ne rien lui laisser perdre de celle qu'il a acquise, à lui conserver touts les moyens qui ont contribué à la former, à l'étendre.

L'homme qui cultive, l'homme qui travaille, ne s'enrichit point quand il ne vend rien de ce qu'il a récolté sur la terre, sur le temps qu'il a sillonné par ses travaux. Plus il crée autour de lui de productions, plus il multiplie le fruit de ses travaux, plus ces différents produits diminuent de prix, quand il ne les vend pas, quand il ne peut pas les vendre, quand il ne peut pas les échanger contre d'autres productions. L'abondance des choses que l'on possède en fait toujours baisser le prix. La rareté seule en élève la valeur et la fait croître.

Une réflexion simple fit observer à Colbert que s'il n'y a point de richesses sans culture, sans industrie & sans commerce, il n'y a

Point de commerce sans vente;

Point de vente sans marchés;

Point de marchés sans acheteurs;

Qu'ainsi l'art d'entretenir une grande culture, de nourrir une grande industrie, se réduit au secret:

De fournir de grands débouchés;

D'ouvrir par-tout des marchés;

De conquérir par-tout des acheteurs, au peuple qui fait venir ou qui travaille les matières premières.

Pour remplir d'aussi grandes vues, Colbert s'occupa

du soin d'étendre l'horison commercial de la France dans les autres continents. De grands avantages résultérent pour la France de cette idée.

Les habitants des Colonies créèrent sur les sols étrangers qu'ils habitoient, des denrées nouvelles, qui manquoient à la France. Ils les y firent abonder en les échangeant contre leurs productions. Les denrées qui formoient le superflu des Colonies eussent été inutiles à leur consommation. Elles remplirent touts les besoins de la France. Elles firent rester chez elle l'argent qu'il auroit fallu employer à les acquérir.

Les Colonies ouvrirent à la France de nouveaux marchés, pour toutes les époques de sa puissance. Elles assurèrent d'éternels acheteurs à ses productions, & une génération perpétuelle de consommateurs, destinée à convertir en richesse tout le superflu qui aurait été un fardeau pour son sol, si elle n'avoit pas trouvé à le placer sur le sol éloigné des Colonies.

Pour porter ces denrées inutiles dans des lieux où elles pouvoient devenir un premier besoin; pour apporter des Colonies les productions qui excédoient la consommation de leurs habitants, il falloit des vaisseaux marchands. L'amour du commerce les fit construire, et son intérêt les multiplia.

Ces vaisseaux seroient devenus la proie de l'avarice des Nations étrangères, s'ils n'avoient pas été protégés sur touts les points de la surface des mers, par des villes de guerre, qui pussent les défendre sur touts les parages. La France créa pour eux une marine de guerre. Elle feroit aujourd'hui auffi redoutable que celle de l'Angleterre, fi la France n'avoit pas perdu dans les troubles de la révolution, prefque touts les officiers de mer que le peuple Anglois pouvoit redouter. Depuis qu'ils ont quitté nos ports, il a prefque conquis le commerce des mers dont il partageoit autrefois les bénéfices avec la France & la Hollande.

Colbert ne pouvoit pas fonder à la France des Colonies en Europe, comme il le pouvoit dans les autres Continents. L'Europe eft partagée entre un certain nombre de Nations fouveraines, qui toutes lui auroient difputé le fol fur lequel il auroit voulu les établir. Toutes font intéreffées à faire confommer, dans le pays qu'elles occupent, les travaux de leur induftrie. Toutes doivent tâcher de verfer chez les autres peuples le fuperflu de leurs befoins. Toutes doivent empêcher l'introduction chez elles de toutes les marchandifes qui pourroient entrer en concurrence avec les leurs, interrompre le cours des travaux de leur industrie, & enlever de chez elle l'argent qui fert par-tout à la féconder.

Colbert entreprit cependant d'acquérir en Europe de nouveaux confommateurs à la France, de lui procurer de nouveaux acheteurs, de faire confommer chez elle par des étrangers une partie de ses productions, & de leur en faire acheter une partie des œuvres de fon

induftrie,

industrie, & d'en faire répandre, par eux, le goût & l'usage dans touts les Etats du continent.

Pour opérer cette double merveille, ce ministre imagina d'élever en France des manufactures en tout genre ; d'y faire perfectionner touts les travaux de l'industrie françoise ; d'élever la France au-dessus de touts les peuples de l'Europe, par la qualité de ses marchandises, par la richesse de leur composition, la beauté, les grâces du dessin.

Dès-lors, on s'occupa par-tout à perfectionner touts les objets de la culture, l'excellence & la variété des fruits, les ouvrages différents qui sortoient des mains de l'industrie françoise. Les matières premières que la France pouvoit fournir à l'industrie trouvèrent chaque année des talents plus éclairés qui les travailloient, un goût plus perfectionné qui les mettoit en œuvre. Nos vins devinrent les plus fins & les plus délicats de l'Europe. Nos huiles les plus parfaites de la terre. Les travaux de notre industrie, l'emportèrent par-tout dans le même genre sur ceux de toutes les autres Nations, par la bonté qui leur étoit attachée.

L'amour du beau, le plaisir de contempler ses merveilles, sont des sentiments qui naissent dans touts les pays, & qu'on ne peut satisfaire qu'en se transportant dans celui qui peut contenter la curiosité qu'il excite.

Pour transformer la France en un aimant puissant qui attirât chez elle touts les peuples, & qui les mît touts à contribution par l'attrait qui les y attireroit, Colbert conçut l'idée superbe de rendre la France le plus beau pays de l'Europe, d'embellir, par toutes les recherches de l'esprit & du goût, l'intérieur de ses habitations, de rendre le peuple François le modèle de toutes les Nations de la terre, par la noblesse & l'élegance de ses manières, par le bon goût de ses ajustements, par l'aimable sociabilité de ses mœurs.

A sa voix, toute la France s'embellit par ses constructions, par la riche & charmante disposition de ses terreins. Paris se remplit de Temples, de Palais, d'Hôtels, de Jardins, de Maisons charmantes. Depuis plus de cent ans elles ont été autant de temples, où le goût du beau a pris naissance & s'est conservé, où chaque jour il prenoit une nouvelle vie.

Versailles, Marly, Trianon, Sceaux, Meudon, &c, &c, sont nés de cette grande vue.

Versailles est par son étendue, par la richesse des objets qu'il renferme, par leur étonnante variété, par l'ensemble merveilleux de leur réunion, le plus beau monument que la France ait élevé à la gloire de ses arts. Il a été depuis plus de cent ans le séjour continu de sa toute puissance, & sa plus belle décoration. En le faisant bâtir, le Monarque, qui gouvernoit alors la France, voulut créer une résidence souveraine, qui surpassât tout ce qui existoit alors, & qui existe encore aujourd'hui dans ce genre de création.

Les hommes célèbres qui ont contribué au développement entier de ce projet ont eu leur ambition particulière. Ils ont voulu

Se consacrer à l'immortalité pas leurs ouvrages;

Renaître touts les jours à la gloire par les chefs-d'œuvres qu'ils y ont posés;

Arriver dans le souvenir de touts les âges par l'hommage journalier qu'on rendroit à leurs talents.

En se plaçant à Versailles à côté de la puissance qui règnoit en France, ces grands hommes ont cru,

Qu'ils seroient toujours protégés par la puissance publique dont ils ont fait la gloire;

Qu'ils serviroient éternellement à l'appareil de sa représentation;

Que cette puissance, par amour pour elle même, par intérêt pour l'art qu'ils ont illustré, empêcheroit

Qu'on ne détruisît les Palais & les Jardins superbes qu'ils ont élevés;

Que leurs ouvrages ne fussent déplacés du lieu pour lequel ils ont été faits.

Ces grands hommes ont pensé que touts les François les défendroient des outrages de l'avenir; que touts feroient les conservateurs, les protecteurs, les appuis de la célébrité que la France s'est acquise par leurs travaux.

Le luxe, la richesse des embellissements dont ont a

doté le Château de Verſailles a été payé par touts les François. Ils ont touts contribué dans le dernier ſiècle, & dans celui-ci, ou à ſa conſtruction ou à ſon entretien. Ce Château eſt devenu par là une propriété commune, où chaque François a eu, & a encore le droit d'amuſer ſes regards par la vue de toutes les beautés qu'il renferme. Il a droit de perfectionner ſon goût par leur étude, leur bel accord entre elles. Cette inſtruction eſt le tribut naturel qu'il doit recuillir de ſes avances.

Verſailles n'eût été qu'un Château ſuperbe, perché ſur une hauteur ſolitaire, ſi un grand nombre de riches propriétaires n'avoient point bâti une ville ſuperbe autour de ſa circonférence.

Les habitations de ces riches propriétaires ſont encore aujourd'hui le cortége néceſſaire de ce Château, la parure & la richeſſe du fond ſur lequel elles ſont élevées. Elles lui ont donné touts les agréments qu'il emprunte de la ceinture de bâtiments dont il eſt entouré. Elles ont augmenté ſa majeſté impoſante.

On propoſe d'utiliſer le Château de Verſailles, ou d'en former un établiſſement utile?

Les bâtiments deſtinés à former des établiſſements publics, ſont par-tout bâtis, diſpoſés exprès pour eux.

Le Château de Verſailles n'a point été conſtruit pour former un établiſſement utile. Quelque ſoit celui qu'on y tranſporte, on n'y trouvera rien qui convienne à ſes beſoins, & qui puiſſe répondre à ſes vues.

Les entrepreneurs ou les directeurs de l'établissement qu'on formera à Versailles, & ceux qui concourront à leurs travaux, n'auront aucun intérêt à conserver la forme grande & belle du bâtiment dans lequel on les logera.

Les pièces étant trop grandes, trop longues ou trop larges, leurs plafonds trop élevés, il faudra bâtir dans l'enceinte de toutes les salles & y faire des divisions propres à cette nouvelle destination. Il faudra changer tout dans ce Château, dégrader tout, avilir tout. Les changements qu'on a faits à la distribution intérieure de ce Château, depuis sa construction, ont déjà beaucoup altéré sa solidité; on la détruira tout-à-fait par de nouvelles dispositions.

La richesse des lambris, la beauté des plafonds étant fort inutiles à l'objet d'un établissement nouveau, les entrepreneurs ou les conducteurs s'occuperont peu de les conserver. Ainsi, la fumée, la poussière s'attacheront bientôt à touts les chefs-d'œuvres des arts qui forment les plafonds & les lambris, s'ils ne sont pas mutilés par les personnes qui contribueront journellement à les encrasser, à les inonder de la fange qui les couvrira.

Il y a dans Paris, & dans toutes les villes de la France, une foule de bâtiments vuides, qui sont infiniment plus propres que Versailles à former un établissement utile. On doit les préférer.

Le Château de Verſailles a été créé pour loger une grande puiſſance d'une manière digne d'elle & de touts ſes rapports avec la terre.

Il a été bâti pour entourer cette puiſſance de tout ce qui convient à la dignité de ſa repréſentation.

Il a été conçu pour montrer le peuple François à toutes les Nations de la terre, dans tout l'appareil de ſa puiſſance, de ſa grandeur, de ſa richeſſe & de ſa magnificence.

Ce Château a été enrichi depuis plus d'un ſiecle, par toutes les productions du Génie & des Arts, afin de former auprès de l'autorité ſouveraine, un foyer commun, où le génie de touts les François vînt s'allumer & s'enflammer. Ce feu ſacré doit encore brûler ſur le même autel.

On a voulu que ce Château fût un centre commun, où la curioſité conduisît touts les peuples de la terre. Que touts vinſſent y prendre le ſentiment & l'amour du beau dans touts les Arts. Verſailles peut encore remplir ces grandes vues.

Le pouvoir des Français a changé de mains. Il doit être ſoutenu, repréſenté avec la même grandeur par ceux qui en ſont aujourd'hui les dépoſitaires.

On n'a point détruit les Tuileries. Elles étoient la réſidence paſſagère des Rois de France. On ne doit point détruire les maiſons qui étoient affectées à la réſidence continue ou momentanée de leur ſouveraineté.

La puissance des Français doit éclairer, féconder touts les lieux qui ont été créés pour sa représentation. Elle doit pouvoir s'y porter, s'y loger d'une manière convenable. On ne doit point changer leur destination.

Il faut, dit-on, vendre Versailles.

On ne peut vendre Versailles qu'en le dépeçant, qu'en le vendant par partie, comme le Château de Sceaux.

Aucun particulier ne peut l'acheter. Il n'y a point de famille en France qui soit assez riche & assez puissante, qui soit assez nombreuse, qui ait des rapports assez considérables et assez étendus, pour remplir avec les personnes qui lui seront attachées, un Palais aussi grand, aussi vaste.

Ce Château ne peut être acheté que par une compagnie qui aura le projet de le détruire, de le démolir de fond en comble, et de reprendre bien vîte dans la vente du terrein et des matériaux de sa démolition, le prix qu'elle aura payé, pour avoir le droit de déplacer, de briser et renverser les trophées que le Notre, Mansard, Girardon & tant d'autres Artistes ont élevés à la gloire de leur profession. Si ce Château n'est ni détruit ni dépouillé de ses embellissements, il ne sera plus qu'une propriété particulière. Il appartiendra tout entier à ses acquéreurs.

On voudra entrer dans ce Château. L'acquéreur ne

voudra y voir que ceux qui appartiendront à son intérêt & à ses plaisirs.

Ceux qui pouvoient étudier l'art qu'ils exercent dans les chef-d'œuvres réunis dans ce Château, seront obligés de se priver de cette étude utile, quand l'acquéreur ne leur permettra point de les regarder. Ils ne pourront se livrer au plaisir de les étudier, que lorsqu'il voudra bien y consentir.

Si ce Château est vendu et détruit, on fera perdre à la propriété des habitants de Versailles, les trois quarts au moins du prix de leurs habitations. On commettra une injustice gratuite.

On fera perdre à la France le monument qui lui donne le plus de supériorité sur les étrangers.

On éteindra la gloire qu'il a faite et qu'il fera toujours à la France.

On privera les Artistes qui y ont travaillé, d'une partie de l'immortalité qu'ils ont attachée à sa durée.

On les bannira de l'Elysée qu'ils s'étoient formé, dans lequel ils vivent depuis leur mort.

On forcera leurs ombres assises au pied de leurs ouvrages, de s'exiler du sol embelli par eux.

On leur ôtera le plaisir de voir leurs noms entrer touts les jours dans de nouveaux souvenirs.

On les privera de l'hommage éternel que la France doit à leur mémoire.

On

On ne doit point dépouiller les morts de l'héritage de gloire qu'ils ont acquis par leurs ouvrages.

On ne doit pas les priver de l'hommage qu'ils ont droit d'attendre du présent et de l'avenir, auquel le passé les transmet touts les jours.

Les habitants de Versailles ne doivent pas non plus être privés de la récompense que méritent les embellissements dont ils ont entouré ce Château, ni de l'intérêt naturel que doit leur rapporter la dépense qu'ils ont faite autour de son enceinte.

Les Nations ne vivent dans l'avenir que par les Monuments qui les ont illustrées, et qui rappellent leur existence. Celles qui ne se sont point immortalisées par le génie de leurs arts, ne vivent dans le souvenir de personne.

Une grande Nation, qui a embelli le sol de sa puissance, ne doit point aussi renoncer à la gloire qu'elle s'y est acquise par les belles choses qu'elle y a fait construire, ni laisser périr sous ses regards les œuvres merveilleuses de son industrie.

L'intérêt de l'État et celui des particuliers ont à-peu-près les mêmes avantages à recueillir.

Les ouvrages des arts sont la parure des villes et de l'intérieur des maisons qui les renferment. Cette parure est, pour touts les peuples l'aimant, d'une curiosité qui s'éveille dans chaque personne, par le sentiment du beau qu'elle excite, & qui se reproduit dans une autre par le récit qu'on lui fait de ce qui à contribué à le satisfaire.

On venoit voir à Versailles la magnificence de la souveraineté des François, le cortége imposant qui l'entouroit de touts côtés; à Paris, ses Temples, ses Eglises, la pompe de leur décoration, la magnificence religieuse de leur culte, les Places publiques, leurs Statues, les Ponts.. Les Palais, les Hôtels, les Maisons particulières étoient pour touts les regards autant de petits Temples élevés au goût, où le génie des Arts avoit déposé avec plus ou moins de profusion, la richesse de son imagination & les chefs-d'œuvres de son travail.

Chaque ville de France offroit des Monuments de l'industrie de ses habitants, ou de l'orgueil imitateur qui les avoit inspirés. On y trouvoit des Places publiques, des Eglises superbes, des Maisons particulières plus ou moins embellies par l'architecture & le goût de leurs ameublements,

D'une ville à l'autre de la France, on voyoit l'étendue qui les séparoit, remplie de Châteaux, de lieux de plaisance, des Maisons charmantes qui annonçoient ou la grandeur & la richesse de leurs propriétaires, ou le bon goût de leurs possesseurs.

La magnificence de Paris & de Versailles & de toutes les Villes de France, a été depuis plus de cent ans une des sources de la puissance & de la gloire des François, un des ressorts de leur industrie, & le principe de touts les rapports qui ont élevé la Nation françoise au-dessus de touts les peuples de l'Europe.

Le peuple François ne doit rien perdre de ce souvenir, & de l'orgueil qu'il doit lui inspirer. Il ne doit pas négliger les moyens qu'il s'étoit formés de moissonner, de glaner sur la curiosité de touts les peuples, par le seul effet de sa magnificence intérieure.

Les lieux qu'embellissent les travaux des arts, sont autant de champs semés pour la curiosité, sont autant d'écoles vivantes, où l'idée du beau se prend par la vue, & se plante dans l'esprit par les yeux.

Le Gouvernement doit conserver à ce genre d'instruction, sa force & son empire dans touts les endroits où il peut lui faire exercer. On ne pourra l'y recevoir, si tout le sol de la France se couvre des débris de son enseignement public.

En conservant Versailles, le Directoire conserve à la France, la gloire que ce monument lui fera tant qu'il subsistera ;

Aux propriétaires de Versailles, la valeur entière de leurs habitations, & du revenu qu'elles doivent leur rapporter ;

Aux Artistes immortels qui l'ont bâti, décoré, l'honneur éternel d'avoir eu part à ses embellissements ;

Aux Français que le seul sentiment de la curiosité y

conduira, le plaisir de voir une foule de beautés réunies dans le même horison, qui se rapportent toutes au même plan, & qui y produisent les plus brillants effets.

Au Gouvernement actuel, l'avantage infiniment satisfaisant de remplir ce local de sa puissance, de n'y être point gêné, & d'y être entouré de touts côtés d'une magnificence qui convient à sa grandeur & qui ne doit point manquer à la majesté du peuple Français.

Tout pouvoir qui veut gouverner avec dignité, doit résider dans une ville qui soit faite exprès pour lui, dans laquelle tout convienne à ses vues.

Ce pouvoir doit se tenir éloigné du mouvement qui agite les grandes villes. Quand on ne veut pas être entraîné, emporté par la lave d'un volcan, & consumé par elle, on ne va point se placer sur son cratère. Le Gouvernement qui réside à Paris, est au milieu de l'orage dont il doit se deffendre, s'éloigner, se sauver.

Dans Paris, la population prend & perd à tout instant de nouvelles parties. Il est impossible d'observer les éléments dont elle se forme, & de connoître les causes & les instants qui peuvent journellement la grossir.

On peut aussi très-difficilement prévoir les intrigues d'un corps, qui s'accroît ou se diminue au gré de toutes les passions & de touts les intérêts qui peuvent l'animer.

L'œil de la surveillance ne voit point d'une manière

certaine, quand la foule est trop forte & trop nombreuse; quand elle croît & décroît au gré de toutes les volontés qu'on peut lui suggérer.

Dans une ville comme Paris, où la hauteur des bâtiments quadruple, quintuple, sextuple l'étendue de sa superficie, les gens sans état se confondent dans le torrent de la multitude, & ils s'y mêlent si bien, qu'on peut à peine les y retrouver. Ces hommes sont les recrues nécessaires de touts les partis. Le besoin les attache à tout ce qui peut faire cesser leurs souffrances.

Le Palais qu'occupe aujourd'hui le Directoire, ne convient point du tout à la résidence du Pouvoir exécutif de la France. Ses Ministres & leurs Agents sont placés dans Paris à de grands éloignements de lui. Les Bâtiments qu'ils occupent n'ont point été formés pour leurs fonctions.

Les communications qu'ont entre eux le Directoire & les Ministres sont longues, incommodes. Ils perdent en courses inutiles un temps précieux à l'Etat, dont leur travail doit avancer les opérations.

Le Directoire, doit rapprocher de lui ses agents & se rapprocher aussi d'eux. Le Palais du Luxembourg est trop petit, trop étroit pour la puissance qu'exerce le Directoire, & pour le peuple qui se réunit souvent autour de lui.

Dans les jours où le Pouvoir exécutif de la France doit se montrer en public, il ne sçait où se placer pour se faire voir au peuple nombreux qui remplit ses portiques.

Dans les jours d'appareil où le Pouvoir exécutif doit donner audience aux Ambassadeurs des Puissances étrangères avec lesquelles il a des rapports d'amitié ou d'intérêt, il est obligé de descendre dans une cour, de s'y placer sous une banne qui le mette à l'abri de la pluie, parce qu'aucune salle du Directoire ne peut contenir le peuple immense que la curiosité presse & entasse autour de lui.

Le Palais où siége la puissance d'une grande Nation, doit être grand comme elle, annoncer de touts côtés sa grandeur, sa puissance, sa richesse, sa magnificence, l'élévation de ses idées, le génie de ses arts.

Le Château de Versailles, & la ville qui s'est élevée auprès de lui, remplissent toutes les vues d'une aussi grande destination.

Tout ce qui existe dans ce Château a été créé pour cette grande idée.

Tout ce que la ville renferme convient à la multiplicité des travaux d'un gouvernement puissant, & suffit à leur diversité.

Le Château de Versailles est si grand, si vaste, que le feu Roi, sa famille, les Princes de son sang, les grands Officiers de sa maison, ses Ministres, ses Officiers y étaient touts logés commodément, Il est si magnifique qu'il ſurpaſſe encore en ce genre tout ce qui exiſte actuellement ſur la terre.

De longues avenues, bordées de quatre rangs d'arbres, aboutiſſent à l'Orient, à l'une des façades du Château ; de belles routes y conduiſent des autres points de ſa circonférence. Elles ont été tracées pour annoncer de loin l'impoſante majeſté du local où elles conduiſent.

L'étendue et la beauté de ce Château ſe voyent de touts côtés ; parce que tout ſe rapporte à l'endroit où il eſt bâti.

Une place d'armes très-grande & fermée à ſon entrée par une ceinture de bâtiments de la plus belle ſymétrie, conduit à une cour principale qui s'élève en glacis, et qui eſt bordée à droite et à gauche par deux pavillons ſuperbes, qui ſervoient autrefois de logements aux Miniſtres.

On entre de cette cour dans une cour d'honneur, par laquelle on faiſoit monter à l'audience des Rois de France, les Ambaſſadeurs des puiſſances de l'Europe.

L'intérieur de ce Château renferme une longue ſuite de beaux appartements, dans leſquels on communique par un grand nombre de ſalles & de ſallons, de la plus belle dimenſion ; par une gallerie où la plus grande Puiſſance de la terre peut s'entourer de tout l'appareil qui ſied à ſa grandeur, de tout ce qui peut donner une idée de ſa richeſſe et de ſa puiſſance. On peut y recevoir les Miniſtres des Puiſſances étrangères avec la dignité qui convient à leur grandeur personnelle et à la nature des rapports qu'on peut avoir avec elles.

Les pièces de l'intérieur du Château ont été décorées par le génie de touts les Arts. Toutes sont remplies d'un grand nombre de peintures et de sculptures antiques & modernes, qui seront éternellement l'admiration de touts ceux qui les verront.

Le parc de Versailles est l'un des plus beaux & des plus variés de la terre, par son étendue, la richesse & la pompe de ses ornements. Il renferme dans son enceinte, des villages, des châteaux, des maisons de plaisance, qui augmentent sa décoration intérieure par la diversité de leurs constructions & la variété de leurs oppositions.

Ces châteaux, ces maisons doivent au Parc une partie de leurs agréments extérieurs, il leur doit une partie de sa beauté.

La nature, originairement pauvre, sèche & aride sur le plateau de Versailles, doit à l'art sa brillante fécondité, & la parure enchanteresse qui la revêt aujourd'hui. Des plantations de toutes espèces, des bois plantés exprès pour étendre l'horison de la vue, animent par leur verdure le sol artificiel sur lequel Versailles s'est élevé. Il est peuplé d'une foule de statues ou antiques ou faites exprès pour la place qu'elles remplissent.

La vue se repose à côté d'elles sur un grand nombre de vases qui donnent à chaque partie du Parc un nouveau

veau genre de décorations. De beaux reliefs en varient la forme et la vêture.

La façade du Château qui a plus de trois cents toises d'étendue, sert elle-même de point de vue à toutes les parties de ce Parc superbe.

Ce sol magnifique est arrosé et rafraîchi par des eaux qui gravissent sur ses hauteurs. Une machine superbe les leur fait escalader.

D'autres eaux descendent sur ce plateau par des conduits secrets. Elles parcourent les canaux divers dans lesquels elles doivent circuler. Elles viennent ensuite jouer, bondir sous mille formes différentes dans des bassins et des bosquets préparés pour leurs jeux. Après avoir bondi, failli, sauté & couvert de leurs cascades de longues étendues, elles vont s'étendre avec lenteur, se reposer ensuite dans un canal, qu'elles remplissent de leur transparente liquidité.

La ville de Paris a de grandes beautés, mais elle n'offre pas un seul Palais qui réunisse tant d'objets propres à former & à aggrandir la magnificence du lieu qui les renferme. Elle ne présente pas non plus aux travaux du Gouvernement des commodités aussi variées & aussi multipliées.

Malgré les dégâts que le défaut d'entretien a causés, & que la même cause peut augmenter touts les jours dans le Château de Versailles; malgré les dégradations dont l'idée seule de la dévastation a pû donner l'idée, ce Palais est encore aujourd'hui le seul lieu de la terre, qui ait été crée pour servir à la résidence continue du Pouvoir exécutif de la France.

Le Gouvernement actuel de la France, veut certainement reposer sur des fondements solides & durables. Il doit s'entourer de tout ce qui peut aggrandir le sentiment de respect qu'il doit vouloir s'attirer.

La magnificence des lieux est une première puissance qui produit cet effet. Elle est une sentinelle intérieure qui sert par-tout de sauve-garde à la souveraineté qu'elle entoure.

Les Palais qui ont été embellis par le génie des Arts & le luxe de leurs idées, inspirent un sentiment secret de retenue & de respect à ceux qui y sont admis. Personne ne peut s'en défendre. On craint de faillir dans un endroit, où le génie des Arts observe de touts côtés l'admiration qu'il excite. Sous ce point de vue, on doit conserver Versailles.

La ville de Versailles est aussi par sa grandeur par son étendue, & la destination de toutes ses maisons, la seule ville de France qui soit propre à la résidence des Agents du Gouvernement du peuple François, ou de la Nation de la terre qui a le plus de rapports de culture, d'industrie & de commerce.

On admire dans Verſailles, la beauté de ſes places, de ſes marchés, de la fontaine qui ſe trouve placée à l'un des côtés de l'Egliſe Notre-Dame. Cette Égliſe, par la beauté de ſon architecture intérieure & extérieure, & par l'heureuſe ſituation dans laquelle elle eſt placée, peut ſervir de modèle à touts les édifices de ce genre, qui ſont conſacrés au culte de la Divinité.

Les rues de Verſailles, grandes & belles & très-ſolidement pavées, ſont preſque toutes tirées au cordeau, & bordées de chaque côté par les Hôtels des Princes & des Seigneurs qui formoient l'ancienne cour. Les maiſons des particuliers y ſont en général belles, grandes, ſpacieuſes, commodes, bien bâties, diſtribuées avec intelligence & goût.

La partie de Verſailles, qui ſe trouve en face du Château, & entre les Avenues de Sceaux & de Saint-Cloud, eſt remplie d'édifices magnifiques qui ont preſque touts de beaux jardins.

Les bâtiments, qui appartenoient à l'ancien Gouvernement, & qui ont été bâtis pour touts ſes rapports, ſont grands, vaſtes & commodes, & diſtribués pour touts les genres de relations qu'il peut former. Ils ſont tellement liés les uns aux autres, que toutes les parties du gouvernement peuvent ſe réunir par un enſemble utile aux affaires générales, & à l'expédition plus prompte des affaires particulières.

Les intervalles qui séparent ces différentes constructions sont si peu considérables, qu'ils ne peuvent interrompre ni retarder les communications que toutes les parties du Gouvernement doivent avoir entr'elles.

Les attributions ont des bâtiments qui peuvent servir à former leurs bureaux. Toutes peuvent être sous la main de leurs chefs.

Les routes qui conduisent à Versailles sont dominées par des hauteurs. La nature a posé elle-même leurs points de défense. La moindre force suffit pour le rendre inattaquable.

Les grands corps-de-garde établis dans Versailles, les autres postes militaires qu'on peut y former, peuvent se prêter une assistance prompte. Une minute suffit pour les mettre touts en rapport les uns avec les autres.

Versailles ne peut pas être comme Paris, la résidence des gens qui vivent de leur inutilité. Son terrein est trop borné, trop ouvert.

Le désœuvrement se voit de toutes parts dans une ville où tout le monde est occupé.

Les gens sans état ne vont point roder, se loger auprés de ceux qui doivent les contenir.

La sûreté du gouvernement à Versailles est une considération importante à laquelle le Directoire doit faire attention. Elle doit écarter toutes les objections que l'on fera.

Il n'y a rien de détruit entièrement à Verſailles. On a fait quelques dégâts dans la Chapelle. On peut les réparer. Le beau ne doit jamais être défiguré.

On a abattu quelques avenues; on peut les replanter.

Le Parc a ſouffert quelques dégradations. On peut y remédier, entretenir enſuite avec ſoin tout ce que l'eſprit deſtructeur qui a plané ſur la France n'a pas encore frappé de ſa faulx meurtrière.

Il en coûte infiniment moins pour conſerver le beau qui exiſte en France, que pour le rebâtir & le refaire en entier.

L'économie qu'on peut faire en épargnant la dépenſe de l'entretien de Verſailles, ne peut être comparée au tort incalculable qu'elle lui occaſionnera.

Choiſy eſt détruit; Sceaux eſt dégradé. On ne viendra plus voir ces Châteaux ſuperbes d'aucun endroit de l'Europe.

On dira; l'éloignement de Paris des premiers membres du gouvernement peut occaſionner des troubles, des émeutes. Il a la force ſuffiſante pour les prévenir & les contenir.

Toutes les fois que Paris a été le ſiège du Gouvernement, cette ville a été tourmentée par les agitations qu'on a eu intérêt de lui communiquer.

Les régnes de Charles V & VI, les temps de la Ligue, les commencements de Louis XIV démontrent cette vérité.

On dira ; le Gouvernement ne doit point livrer à la ſolitude, à la garde ſeule d'un concierge, les bâtiments nationaux qui couvrent le sol de Paris.

Les Palais qui ſervent de parure & d'embelliſſement à cette grande ville, le Luxembourg, les Tuilleries, doivent être ſoigneuſement entretenus, embellis même, s'il le faut.

On doit achever le Louvre, le plus beau monument d'architecture qui exiſte en France.

Ces Palais ſerviront à la réſidence paſſagère des dépoſitaires de l'autorité des Loix ;

A loger les premiers Magiſtrats de la République. La dignité de leurs fonctions exige qu'on les entoure de cet appareil.

L'importante dignité du local où loge un Magiſtrat, doit annoncer la ſupériorité que lui donnent ſes fonctions, ſur l'homme que la loi ſoumet à l'exercice paſſager de ſa magiſtrature.

On pourra auſſi employer ces Palais à loger des ſçavants diſtingués.

Les gens de lettres qui ſe ſont fait remarquer par leurs écrits.

Les Artiſtes de chaque profeſſion qui ſe feront élevés à la ſupériorité qu'on y peut atteindre.

Le Gouvernement doit diſtinguer & faire diſtinguer les hommes qui le repréſentent, dans touts les degrés de la ſubordination dont il eſt le premier échellon.

Le Gouvernement doit auſſi regarder avec amour, les hommes ſupérieurs qui ont étudié la nature, & qui dévoilent le ſecret de ſes travaux.

Les hommes de génie, que le ciel a deſtinés à préparer la richeſſe & la proſpérité des Nations, & à leur former de nouvelles jouiſſances, ne pouſſent point au gré du beſoin qu'on a de leurs lumières. Ils ſont touts un don du Ciel, une offrande précieuſe que le temps préſente aux états, qu'il en gratifie.

Les Nations qui poſſedent par intervalles quelques hommes de ce caractère, doivent careſſer leurs talents, les protéger, les ſoutenir, les ménager comme ces plantes délicates que l'on défend de la froidure des hyvers & de l'orage impétueux des vents. Leur eſprit, leur génie, leurs ouvrages allument partout le jour de l'immortalité. Virgile rappelle ſans ceſſe Auguſte; Racine, Louis XIV.

Les chefs-d'œuvres de l'eſprit & du génie, ſont l'enfantement pénible des ſiècles, & le fruit rare & tardif de leur vieilleſſe. On doit les conſerver pour l'avenir.

www.ingramcontent.com/pod-product-compliance
Ingram Content Group UK Ltd.
Pitfield, Milton Keynes, MK11 3LW, UK
UKHW020402250726
13967UKWH00005B/2433

9 782013 038317